AF592575

BULLETIN OFFICIEL
DE
L'ILE DE LA RÉUNION.
(N° 55.)

OCTOBRE 1862.

N° 1249. — *ARRÊTÉ portant promulgation à la Réunion des décrets du 22 mai 1861 qui ont appliqué aux colonies ceux des 7 avril 1855 et 19 février 1859, concernant la démonétisation des pièces d'argent de 25 centimes et des pièces d'or de 10 et de 5 francs des diamètres de 17 et de 14 millimètres.*

Du 10 Octobre 1862.

Nous Gouverneur de l'île de la Réunion,

Vu les articles 63, 86 (§ 33) et 104 (§ 33) de l'ordonnance organique du 21 août 1825, et l'article 138 du décret du 26 septembre 1855 sur le service financier des colonies ;

Vu la circulaire ministérielle du 5 juin 1861 parvenue récemment dans la Colonie par la voie du *Bulletin officiel de la marine ;*

Sur la proposition de l'Ordonnateur et du Directeur de l'intérieur,

Après délibération en Conseil privé, dans la séance du 29 septembre 1862,

Avons arrêté et arrêtons ce qui suit :

Art. 1er. Les deux décrets du 22 mai 1861

portant application aux colonies de ceux des 7 avril 1855 et 19 février 1859, concernant la démonétisation des pièces d'argent de 25 centimes et des pièces d'or de 10 et de 5 francs des diamètres de 17 et 14 millimètres, sont promulgués à la Réunion.

L'Ordonnateur, le Directeur de l'intérieur et le Procureur général sont chargés, chacun en ce qui le concerne, de l'exécution du présent arrêté, qui sera publié et enregistré partout où besoin sera et inséré au *Journal officiel* et au *Bulletin officiel* de la Colonie.

Saint-Denis, le 10 octobre 1862.

Baron DARRICAU.

Par le Gouverneur:

L'Ordonnateur,

DESMAZES.

Le Directeur de l'Intérieur,

CH. DE LAGRANGE.

Vu pour être enregistré à la Cour Impériale:

Le Procureur Général,

JUSTIN BERET.

Enregistré à la Cour le 8 novembre 1862.

Décrets

Du 22 mai 1861.

NAPOLÉON, par la grâce de Dieu et la volonté nationale, Empereur des Français,

A tous présents et à venir, salut:

Vu les articles 6, 8 et 18 du sénatus-consulte du 3 mai 1854, qui règle la constitution des colonies;

Sur le rapport de notre Ministre Secrétaire d'Etat au Département de la Marine et des colonies, et de l'avis de notre Ministre Secrétaire d'Etat au Département des Finances,

AVONS DÉCRÉTÉ ET DÉCRÉTONS ce qui suit :

Art. 1er. Le décret du 30 avril 1852 (1) qui retire de la circulation les pièces d'argent de 25 centimes, sera promulgué dans les colonies.

---

(1) *DÉCRET qui retire de la circulation les pièces d'argent de vingt-cinq centimes.*

Du 30 avril 1852.

LOUIS NAPOLÉON, Président de la République Française,

Vu l'article 2 du décret du 3 mai 1848, portant que les seules monnaies nationales d'argent sont les pièces de 5 francs, de 2 francs, de 1 franc, de 50 centimes et de 20 centimes;

Considérant que la pièce de 25 centimes ne figure pas dans cette nomenclature, et que, par le fait même de cette omission, cette pièce a cessé d'être une monnaie nationale;

Qu'il importe, dès lors, de retirer de la circulation les pièces de 25 centimes;

Sur le rapport du Ministre des Finances,

Décrète :

Art. 1er. Les pièces d'argent de 25 centimes sont retirées de la circulation.

2. Ces pièces cesseront d'avoir cours légal et forcé pour leur valeur nominale actuelle, le 1er octobre prochain; néanmoins, elles seront reçues pour cette même valeur nominale dans les caisses publiques en paiement de contributions de toute nature jusqu'au 31 décembre 1852 inclusivement.

3. Le Ministre des Finances est chargé de l'exécution du présent décret qui sera inséré au *Bulletin des lois*.

Fait au palais des Tuileries, le 3 avril 1852.

Signé LOUIS NAPOLÉON.

Par le Président de la République :

Le Ministre des Finances,
Signé BINEAU.

2. Ces pièces cesseront d'y avoir cours légal et forcé à l'expiration du troisième mois qui suivra la promulgation de ce décret.

Jusqu'aux époques qui seront ainsi fixées, ces monnaies seront reçues en paiement des contributions ou échangées contre d'autres espèces.

3. Nos Ministres Secrétaires d'Etat au Département de la Marine et des colonies, et au Département des Finances, sont chargés, chacun en ce qui le concerne, de l'exécution du présent décret.

Fait au Palais des Tuileries, le 22 mai 1861.

NAPOLÉON.

Par l'Empereur :

Le Ministre Secrétaire d'État de la Marine et des colonies,

Comte P. DE CHASSELOUP-LAUBAT.

Le Ministre Secrétaire d'Etat des Finances,

DE FORCADE.

Du 22 mai 1861.

NAPOLÉON, par la grâce de Dieu et la volonté nationale, Empereur des Français,

A tous présents et à venir, salut :

Vu les articles 6, 8 et 18 du sénatus-consulte du 3 mai 1854 qui règle la constitution des colonies ;

Sur le rapport de notre Ministre Secrétaire d'Etat au Département de la Marine et des colonies, et de l'avis de notre Ministre Secrétaire d'Etat au Département des Finances,

AVONS DÉCRÉTÉ ET DÉCRÉTONS ce qui suit :

Art. 1er. Les décrets des 7 avril 1855 (1) et 19 février 1859 (2), qui ont retiré de la circulation

---

(1) Du 7 avril 1855.

NAPOLÉON, par la grâce de Dieu et la volonté nationale, Empereur des Français,

A tous présents et à venir, salut :

Vu les décrets des 3 mai 1848 et 12 janvier 1854 ;

Sur le rapport de notre Ministre Secrétaire d'Etat au département des Finances,

AVONS DÉCRÉTÉ ET DÉCRÉTONS ce qui suit :

Art. 1er. Les pièces de 5 francs en or seront fabriquées, à l'avenir, au diamètre de 17 millimètres, et celles de 10 francs, au diamètre de 19 millimètres.

2. Le poids et le titre, les tolérances de poids et de titre des dites pièces, sont maintenus tels qu'ils sont fixés par les décrets des 3 mai 1848 et 12 janvier 1854.

3. Les pièces de 10 francs à l'effigie de l'Empereur et du diamètre de 17 millimètres seront retirées de la circulation.

4. Ces pièces seront reçues pour leur valeur nominale, jusqu'au 15 octobre prochain, dans les caisses des receveurs généraux, et, à Paris, par le caissier central du trésor.

5. A partir de cette époque, elles seront reçues au change à la monnaie de Paris, et payées en raison de leur poids, et au titre de 900/1000.

6. Notre Ministre Secrétaire d'Etat au Département des Finances est chargé de l'exécution du présent décret qui sera inséré au *Bulletin des lois*.

Fait au palais des Tuileries, le 7 avril 1855.

Signé NAPOLÉON.

Par l'Empereur :

Le Ministre Secrétaire d'Etat au Département des Finances,

Signé P. MAGNE.

---

(2) *DECRET impérial qui retire de la circulation les pièces de 5 francs en or du diamètre de 14 millimètres.*

Du 19 février 1859.

NAPOLÉON, par la grâce de Dieu et la volonté nationale, Empereur des Français,

les pièces d'or de 10 francs du diamètre de 17 millimètres, et celles de 5 francs du diamètre de 14 millimètres, seront promulgués dans les colonies.

2. Ces pièces cesseront d'y avoir cours légal et forcé à l'expiration du troisième mois qui suivra la promulgation de ces décrets.

Jusqu'aux époques qui seront ainsi fixées dans les colonies, ces monnaies seront admises en paiement des contributions ou échangées contre d'autres espèces.

3. Nos Ministres Secrétaires d'Etat aux Départements de la Marine et des colonies et des Finances, sont chargés, chacun en ce qui le con-

---

A tous présents et à venir, salut :

Vu les décrets des 12 janvier et 13 juillet 1854 et 7 avril 1855 ;

Sur le rapport de notre Ministre Secrétaire d'Etat au Département des Finances,

AVONS DÉCRÉTÉ ET DÉCRÉTONS ce qui suit :

Art. 1er. Les pièces de 5 francs en or, du diamètre de 14 millimètres, sont retirées de la circulation.

2. Ces pièces seront admises dans les caisses publiques pour leur valeur nominale jusqu'au 31 juillet prochain.

3. A partir du 1er août suivant, elles seront reçues au change de la monnaie de Paris, et payées en raison de leur poids au titre de 900/1000.

4. Notre Ministre Secrétaire d'Etat au Département des Finances est chargé de l'exécution du présent décret qui sera inséré au *Bulletin des lois*.

Fait au palais des Tuileries, le 19 février 1859.

Signé NAPOLÉON.

Par l'Empereur :

Le Ministre Secrétaire d'État au Département des Finances,

Signé P. MAGNE.

cerne, de l'exécution du présent décret.

Fait au Palais des Tuileries, le 22 mai 1861.

NAPOLÉON.

Par l'Empereur:

Le Ministre Secrétaire d'Etat de la Marine et des colonies,

Comte P. DE CHASSELOUP-LAUBAT.

Le Ministre Secrétaire d'Etat des Finances,

DE FORCADE.

N° 1250. — *CIRCULAIRE ministérielle portant instruction sur l'application du décret du 26 février 1862 qui règle les conditions de la navigation au cabotage dans les colonies.*

Paris, le 26 Mars 1862.

Monsieur le Gouverneur,

Vous trouverez ci-joint copie d'un décret impérial du 26 février 1862 qui règle les conditions de la navigation au cabotage dans les colonies et qui fixe, d'une part, les limites dans lesquelles cette navigation doit s'exercer pour chacune des colonies désignées au décret, d'autre part les conditions des examens à subir par les candidats pour l'obtention des divers grades de maître au grand et au petit cabotage et de patron au bornage. Vous voudrez bien, aussitôt la réception de cet acte, pourvoir à sa promulgation dans la Colonie.

Depuis l'ordonnance du 31 août 1828 qui réglait l'admission au commandement des bâtiments de commerce destinés à la navigation au cabotage dans nos colonies, divers actes modificatifs de ces dispositions sont intervenus dans la Métropole. J'ai pensé qu'il convenait d'apporter aux règlements qui régissent cette matière aux colonies les modifications introduites par le décret du 26 janvier 1857, en tenant compte des nécessités spéciales à chaque localité coloniale et des difficultés résultant de la pénurie de sujets en état de subir les examens de théorie.

Le décret rendu par l'Empereur, sur ma proposition, établit trois catégories pour le commandement des navires, bateaux, barges, alléges, gros-bois et autres embarcations au-dessus de 25 tonneaux de jauge, servant au transport des marchandises et des passagers, et surtout à celui des denrées coloniales. Ces trois catégories sont le grand cabotage, le petit cabotage et le bornage.

La navigation au grand cabotage comprendra les côtes et les îles situées dans les mers qui s'étendent du Cap de Bonne-Espérance jusques et y compris les îles de la Sonde.

La navigation au petit cabotage comprendra les côtes de l'Ile et les voyages entre ces côtes et l'île Maurice.

La navigation au bornage est celle qui s'étend d'un point à un autre de chaque colonie, ou entre la Colonie et celles de ses dépendances qui sont situées à *vue d'œil* du rivage, par une embarcation jaugeant au plus 25 tonneaux, avec faculté d'escales sur la côte des dites terres seulement.

Le chiffre du tonnage peut toutefois être plus élevé, mais seulement pour les chalands, les alléges, gros-bois et autres embarcations de transport naviguant le long de la côte.

En compensation des extensions de compétence accordées, les maîtres au grand cabotage devront désormais satisfaire au programme exigé en France pour l'examen de maître au cabotage, augmenté de notions sur la pratique du canonnage à bord. Cette dernière addition est motivée par les besoins de recrutement de la flotte et la défense éventuelle des côtes de nos colonies. Pour faciliter l'enseignement théorique, j'ai pensé qu'il y aurait lieu d'instituer, dans chaque localité importante de nos colonies, un cours spécial professé par l'un des officiers des divisions navales ou des stations locales. Une allocation spéciale lui serait accordée à titre d'indemnité.

La faible dépense nécessitée par cette institution sera à la charge du budget local ; les heureux résultats qui en découleront pour la navigation coloniale compenseront ce léger sacrifice. J'appelle votre attention sur ce point auquel j'attache de l'importance, en raison de l'état d'infériorité des connaissances théoriques de la population maritime des colonies.

Le programme annexé au décret a été libellé dans des termes qui offrent plus de garantie que les conditions vagues posées par l'ordonnance de 1828. Les conditions fixées pour la navigation au bornage se rapprochent de celles qui sont usitées en France, mais avec des modifications conformes aux nécessités locales et aux usages de la population coloniale.

Un délai d'une année au moins s'écoulera entre la publication du décret et son application afin de permettre aux populations maritimes des colonies de se préparer au régime nouveau.

Vous trouverez ci-joint : 1° deux séries de questions à poser pour les examens de théorie et de pratique ; 2° un modèle du tableau où les candidats admissibles et non admissibles seront inscrits suivant leur ordre de mérite.

Recevez, etc.

Le Ministre de la Marine et des colonies,
Comte P. de Chasseloup-Laubat.

N° 1254. — Par dépêche ministérielle du 1er septembre 1862, avis est donné à la Réunion de l'envoi d'un télescope destiné au capitaine Marguin, du navire la *Reine-Indienne*, en récompense de sa généreuse conduite à l'égard de quatre marins échappés au naufrage du navire l'*Eglé* et que ce navigateur a recueillis sur la côte de Madagascar et conduits à la Réunion.

N° 1252. — *CIRCULAIRE ministérielle au sujet des effets d'habillement, d'équipement et de harnachement fournis à la Gendarmerie coloniale.*

Paris, le 6 Septembre 1862.

Monsieur le Gouverneur,

Par ma circulaire du 5 mai dernier, je vous ai notifié la décision que j'avais prise de faire recevoir, par la Commission spéciale instituée au Ministère de la Guerre, tous les effets confectionnés destinés aux compagnies et détachements de gendarmerie coloniale.

M. le maréchal Randon m'a fait connaître qu'il a laissé en dehors du contrôle de cette commission les objets de pansage et de petite monture, et les effets de linge et de chaussure qui, jusqu'à nouvel ordre, continueront à être reçus *en France* par les Conseils d'administration de gendarmerie. Les mêmes dispositions devront être appliquées aux colonies et je vous invite à donner des ordres en conséquence.

Je suis informé que, dans certaines colonies, les dispositions contenues dans ma circulaire précitée ont été interprétées comme laissant à la charge des fournisseurs les frais d'assurance des effets envoyés aux compagnies de gendarmerie. Ces frais, qui sont entièrement distincts du prix d'achat, doivent toujours être supportés par la masse de secours de la compagnie ou du détachement auquel sont destinés les effets, et la responsabilité des fournisseurs ne doit s'étendre qu'aux dégâts qui pourraient provenir de leur fait, du jour de la réception par la commission à celui de l'expédition du port d'embarquement.

Recevez, etc.

Le Ministre Secrétaire d'État de la Marine et des colonies,

Pour le Ministre et par son ordre :

Le Conseiller d'État, Directeur du Personnel,

LAYRLE.

N° 1253. — *DÉPÊCHE ministérielle annonçant que les prêtres inscrits en France sur le cadre du clergé des colonies, jouissent de leur traitement colonial aussitôt leur arrivée à destination.*

Paris, le 19 Septembre 1862.

Monsieur le Gouverneur,

Dans une lettre du 9 août dernier, n° 193, vous me demandez si les ministres du culte, envoyés de France, doivent, à leur arrivée dans la Colonie, avant même d'avoir été pourvus des emplois auxquels ils sont destinés, toucher leurs traitements et supplément colonial, conformément à la circulaire ministérielle du 31 juillet 1861, relative aux divers ordres de fonctionnaires ou agents dépendant de mon département.

Il ne saurait, Monsieur le Gouverneur, y avoir de doute à cet égard. Les ecclésiastiques envoyés de France dans les colonies, ainsi qu'il ressort des circulaires combinées des 20 février et 28 mars 1851 (n°s 61 et 105) sont, par le fait de leur inscription par mon département, sur le cadre du clergé colonial, admis de plein droit, dès leur arrivée, en ce qui concerne les allocations payées par le budget colonial, au bénéfice des avantages que cette situation comporte.

C'est, d'ailleurs, pour écarter toute difficulté à cet égard, et empêcher qu'il ne puisse y avoir double emploi, que les inscriptions qui sont faites dans les colonies, ne peuvent, jusqu'à décision du Ministre, avoir qu'un caractère provisoire. Les prêtres arrivant de France, à l'effet de combler les lacunes signalées dans le cadre du clergé colonial, doivent être immédiatement substitués, sur les états de paiement, à ceux qui auraient pu y être inscrits, dans l'intervalle, par le concours des autorités locale, religieuse et administrative.

Quant au placement définitif des uns et des autres dans les diverses situations qui peuvent être attribuées par l'Evêque aux ecclésiastiques dont il dispose, l'Administration n'a pas à y intervenir, ainsi que l'ont expliqué notamment les instructions ministérielles du 31 janvier 1856, n° 64.

Il sera répondu, sous un autre timbre, aux questions analogues, comprises dans votre lettre, et relatives à la magistrature.

Je vous prie de faire donner copie de la présente dépêche à Mgr l'Évêque de la Réunion.

Recevez, etc.

Le Ministre des Affaires étrangères, chargé par intérim du Ministère de la Marine et des colonies,

Pour le Ministre et par autorisation :

Pour le Directeur des colonies empêché :

Le Chef du 2e Bureau,

H. du Chayla.

N° 1254. — *CIRCULAIRE ministérielle au sujet des demandes de brevets d'invention déposées dans les colonies.*

Paris, le 20 Septembre 1862.

Monsieur le Gouverneur,

Dans les instructions qui accompagnaient la circulaire de mon département en date du 28 novembre 1848, relativement à l'application aux colonies de la loi du 5 juillet 1844 sur les brevets d'invention, il a été dit que, par dérogation à cette loi, le Directeur de l'intérieur devrait vérifier si les pièces qui lui seraient remises étaient chacune en triple expédition, si elles étaient dressées conformément aux prescriptions légales, et donner au déposant les instructions nécessaires pour les régulariser s'il y avait lieu. Cette exception établie par interprétation de l'article 3, § 3, de l'arrêté du pouvoir exécutif, en date du 21 octobre 1848, a été motivée pour les colonies sur ce que l'omission d'une formalité pouvant entraîner le rejet de la demande, la distance ne permettrait pas à un colon de prendre immédiatement un second brevet et pourrait lui faire perdre la priorité de son invention. En m'entretenant récemment de la nécessité de rappeler au public, par voie d'affiche, les principales dispositions de la loi de 1844 en vue de prévenir le retour de certaines irrégularités dans la rédaction des demandes de brevets et des pièces qui les accompagnent, M. le Ministre de l'Agriculture, du Commerce et des Travaux publics m'a demandé si le motif qui a déterminé l'exception précitée devrait encore prévaloir sur l'inconvénient que présente l'examen des pièces déposées, notamment pour les employés des Directions de l'intérieur qui, en s'acquittant de ce soin, peuvent être exposés parfois à des suppositions fâcheuses pour eux comme pour l'Administration elle-même.

D'après cette observation et la promptitude avec laquelle ont lieu aujourd'hui les communications des colonies avec la Métropole, il n'y a plus en effet de raison pour maintenir l'exception dont il s'agit.

En conséquence, à partir du 1er janvier prochain, le dépôt dans les colonies des demandes de brevets d'invention devra s'effectuer d'après les principes en vigueur dans la métropole. Je vous remets ci-joint le modèle d'affiche qui m'a été transmis par M. Rouher et que je vous prie de vouloir bien faire apposer dans le bureau de la Direction de l'intérieur où sont reçues les demandes de brevets. En résumé, les employés devront se borner à l'avenir à recevoir les plis qui leur seront remis, en s'abstenant rigoureusement, même lorsque la demande leur en serait faite, d'ouvrir les paquets qui leur seront présentés, de prendre connaissance des pièces, ou d'y faire des additions ou corrections quelconques. Ils auront soin d'ailleurs d'inviter toutes les personnes qui auront à faire un dépôt de demande de brevet d'invention à prendre connaissance de l'affiche. Celles qui jugeraient n'avoir pas observé les règles prescrites dans l'avis ci-joint, emporteront leur paquet cacheté et le rapporteront également cacheté, après avoir fait hors des bureaux les additions ou modifications nécessaires.

Il demeure bien entendu que les documents et pièces formant l'objet du dépôt devront, comme le prescrit d'ailleurs l'arrêté du 21 octobre 1848, être établis en triple expédition et renfermés dans deux plis séparés. Le premier de ces plis, à l'adresse de M. le Ministre de l'Agriculture, du Commerce et des Travaux publics, devra m'être transmis par vos soins et contenir un original et une expédition de chacune des pièces déposées. Sur l'enveloppe devront, ainsi que j'ai eu occasion de le recommander dans plusieurs circonstances, être indiqués, la date et le numéro de la lettre par laquelle le Gouverneur ou Commandant fait envoi de ce pli.

Le second pli, destiné à être conservé aux archives des Directions de l'intérieur pour qu'on puisse, en cas de sinistre, constater les droits de l'inventeur, devra contenir une expédition de chacune des pièces renfermées dans l'autre pli. Je me réfère, au surplus, sur ce point aux indications consignées dans l'annexe qui accompagnait la dépêche ministérielle du 28 novembre 1848.

Je profite de cette occasion pour vous faire remarquer que, dans quelques colonies, les Administrations locales se bornent à accuser réception des brevets qui leur sont transmis par mon département, bien qu'il leur soit toujours recommandé d'indiquer la date de la remise du brevet ainsi que le nom de la personne à laquelle cette remise a été effectuée. Ces dernières indications sont cependant de rigueur, et je vous prie de veiller à ce qu'à l'avenir elles ne soient jamais omises.

Recevez, etc.

Le Ministre des Affaires étrangères chargé P.I. du Ministère de la Marine et des colonies,

THOUVENEL.

N° 1255. — Par dépêche ministérielle du 20 septembre 1862, M. Serrus (Eugène-Honoré-Ferdinand), lieutenant de vaisseau, est autorisé à se marier avec mademoiselle Ducler (Ernestine-Jenny).

N° 1256. — *ARRÊTÉ qui accorde à M. Ch. Kock un brevet d'imprimeur-lithographe.*

Du 29 Juillet 1862.

NOUS GOUVERNEUR DE L'ILE DE LA RÉUNION,

Vu l'arrêté du 6 janvier 1849, promulguant divers décrets, lois et ordonnances concernant l'imprimerie;

Vu l'ordonnance du 8 octobre 1817;

Vu la lettre du sieur Ch. Kock, en date du 7 du courant, tendant à obtenir l'autorisation de faire usage d'une presse lithographique;

Sur le rapport du Directeur de l'intérieur,

Le Conseil privé entendu,

Avons arrêté et arrêtons :

Art. 1er. Il est accordé à M. Ch. Kock, domicilié à Saint-Denis, un brevet d'imprimeur-lithographe.

2. Le sieur Ch. Kock, avant d'entrer en fonctions, sera tenu de prêter devant le Tribunal de première instance de Saint-Denis le serment requis par l'article 9 du décret du 5 février 1850.

3. Le Directeur de l'intérieur est chargé de l'exécution du présent arrêté, qui sera publié, enregistré et inséré au *Bulletin officiel* de la Colonie.

Saint-Denis, le 29 juillet 1862.

Baron DARRICAU.

Par le Gouverneur :

Le Directeur de l'Intérieur,

Ch. de Lagrange.

N° 1257. — *ARRÊTÉ relatif aux opérations d'immigration indienne.*

Du 17 Octobre 1862.

Nous Gouverneur de l'ile de la Réunion,

Vu l'article 9 du sénatus-consulte du 3 mai 1854;

Vu les décrets des 13 février et 27 mars 1852, sur l'immigration des travailleurs libres dans les colonies françaises ;

Vu l'arrêté du 16 mars 1860 et l'article 12 de l'arrêté du 30 août de la même année, concernant la faculté accordée aux propriétaires d'introduire directement, pour leur compte, des immigrants destinés à leur propre exploitation ;

Vu la dépêche ministérielle du 21 août 1862, n° 394, portant notification de la création d'une Agence de recrutement à Madras;

Sur le rapport du Directeur de l'intérieur,
Le Conseil privé entendu,

AVONS ARRÊTÉ ET ARRÊTONS :

Art. 1er. En exécution des instructions contenues dans la dépêche sus-visée, le port de Madras est ouvert aux opérations d'immigration indienne et formera le centre d'une Agence de recrutement comprenant les districts de Chinglepett, North-Arcot, Nellore, Guntoor, Kurnoul, Cuddapah et Bellary.

2. Le recrutement effectué dans la circonscription sus-dite sera réservé aux propriétaires qui voudront faire venir directement, à leurs frais, des travailleurs destinés à leur propre exploitation.

Les contrats d'engagement de ces travailleurs ne seront pas susceptibles de transmission. Toutefois, dans un cas de nécessité absolue et dûment constaté, l'engagiste pourra, par décision exceptionnelle du Gouverneur en Conseil privé, obtenir l'autorisation d'en faire la cession à un autre propriétaire par lui désigné et agréé par l'Administration.

3. Les propriétaires qui voudront user de la faculté d'introduction directe, mentionnée en l'article précédent, adresseront à cet effet au Directeur de l'intérieur une demande faisant connaître les besoins de leur exploitation, ainsi que le nombre d'engagés qu'ils se proposent d'introduire. Ils devront en outre souscrire l'engagement de ne point faire cession du travail des dits engagés, pendant toute la durée de leur contrat, sous la sanction de la clause pénale exprimée en l'article 6 ci-après.

Le Directeur de l'intérieur soumettra la demande au Gouverneur qui statuera.

4. L'Administration de la Colonie transmettra à l'Agent officiel de recrutement les autori-

sations ainsi accordées ; mais elle n'interviendra en rien dans les conditions de prix ou autres relatives à la livraison des engagés.

Ces conditions seront débattues librement entre l'Agent officiel de recrutement et les intéressés. Ceux-ci auront également à pourvoir eux-mêmes au transport de leurs immigrants en se conformant à toutes les règles et après avoir accompli toutes les formalités prescrites en pareil cas par la législation britannique.

5. Les convois d'immigrants introduits dans les conditions ci-dessus spécifiées seront soumis comme tous autres à la quarantaine d'observation prescrite par notre arrêté du 7 août 1860. Les frais de Lazaret sont à la charge de l'introducteur.

6. Dans le cas où il serait reconnu que les engagements qui font l'objet du présent arrêté auraient été clandestinement cédés à des tiers, le contrat sera rompu de droit et les engagés auront à opter entre le rapatriement au compte de l'engagiste primitif ou un réengagement chez un propriétaire par eux désigné, et autre que le cessionnaire occulte.

7. Toutes dispositions contraires au présent arrêté, et notamment celles de l'arrêté du 16 mars 1860, sont et demeurent abrogées.

8. Le Directeur de l'intérieur est chargé de l'exécution du présent arrêté qui sera enregistré, publié et inséré au *Bulletin officiel* de la Colonie.

Saint-Denis, le 17 octobre 1862.

Baron DARRICAU.

Par le Gouverneur :

Le Directeur de l'Intérieur,

CH. DE LAGRANGE.

N° 1258. — *ARRÊTÉ qui convoque le Conseil général en session ordinaire pour le 27 octobre courant.*

Du 17 Octobre 1862.

NOUS GOUVERNEUR DE L'ILE DE LA RÉUNION,

Vu l'article 7 du décret du 26 juillet 1854 concernant l'organisation des Conseils généraux des colonies;

Sur le rapport du Directeur de l'intérieur,

AVONS ARRÊTÉ ET ARRÊTONS :

Art. 1er. Le Conseil général est convoqué en session ordinaire pour le 27 octobre courant.

2. Le Directeur de l'intérieur est chargé de l'exécution du présent arrêté, qui sera publié et inséré au *Bulletin officiel* de la Colonie.

Saint-Denis, le 17 octobre 1862.

Baron DARRICAU.

Par le Gouverneur:

Le Directeur de l'Intérieur,

CH. DE LAGRANGE.

N° 1259. — *ARRÊTÉ qui accorde à M. A. Laserve une double autorisation concernant trois prises d'eau dans la rivière du Mât.*

Du 18 Octobre 1862.

NOUS GOUVERNEUR DE L'ILE DE LA RÉUNION,

Vu l'article 137 de l'ordonnance du 31 août 1828 sur le mode de procéder devant les Conseils privés, et les articles 30 et 31 du décret colonial du 5 août 1839 sur les concessions de biens domaniaux;

Vu la requête présentée par le sieur A. Laserve, directeur de l'établissement dit de la Ravine-Creuse, la dite requête enregistrée au Secrétariat du Conseil privé le 14 juin 1862, sous le n° 606, et tendant à obtenir : 1° l'autorisation de réunir à la prise d'eau concédée dans la rivière du Mât, en 1830, à M. Gabou, les deux prises d'eau concédées en 1816 et 1818 à ses prédécesseurs ; 2° l'autorisation de ne pas rendre à la rivière du Mât ces trois prises d'eau ;

Vu le plan des lieux joint à la requête ;

Considérant que la demande dont il s'agit a été affichée pendant six semaines aux mairies de Sainte-Suzanne, de Saint-André et de Saint-Benoit ;

Vu l'avis favorable de l'Ingénieur en chef des Ponts-et-Chaussées ;

Considérant, en outre, que les eaux dont la concession est demandée par les propriétaires de l'établissement de la Ravine-Creuse profitent aussi à la population de la localité qu'elles parcourent ;

Sur le rapport du Directeur de l'intérieur,

Le Conseil privé entendu,

Avons arrêté et arrêtons :

Art. 1er. La double autorisation demandée par M. A. Laserve, directeur de l'établissement de la Ravine-Creuse, à Saint-André, de réunir aux eaux concédées, en 1830, à M. Gabou, dans la rivière du Mât, celles concédées en 1816 et 1818 à ses prédécesseurs, et de ne pas rendre à la rivière ces trois prises d'eau, est accordée suivant le plan ci-annexé, mais sous la réserve des droits des tiers et à la condition que le dit sieur Laserve ès-nom ne pourra prétendre à aucune indemnité dans le cas où, pour des motifs d'intérêt général, l'Administration aurait à la restreindre ou à la retirer complètement.

2. M. Laserve devra, à ses frais, et dans le délai d'un an, faire constater la solidité des

travaux de la conduite d'eau par un rapport de M. l'Ingénieur en chef, dont une expédition sera déposée au Contrôle et l'autre à la Direction de l'intérieur.

3. Le Directeur de l'intérieur est chargé de l'exécution du présent arrêté, qui sera publié, inséré au *Bulletin officiel* de la Colonie et déposé au Contrôle.

Saint-Denis, le 18 octobre 1862.

Baron DARRICAU.

Par le Gouverneur :

Le Directeur de l'Intérieur,

CH. DE LAGRANGE.

N° 1260. — *ARRÊTÉ réglant les dispositions de police et de surveillance relatives aux bâtiments à vapeur employés à la navigation commerciale maritime à la Réunion.*

Du 18 Octobre 1862.

NOUS GOUVERNEUR DE L'ILE DE LA RÉUNION,

Vu les articles 16 et 86 (§ 21) de l'ordonnance organique du 21 août 1825;

Vu l'article 9 du sénatus-consulte du 3 mai 1854, qui a réglé la constitution des colonies;

Vu l'ordonnance royale du 17 janvier 1846, qui a réglé les dispositions de police et de surveillance auxquelles est soumise la navigation à vapeur en mer, et notamment l'article 56 de cette ordonnance, d'après lequel ces prescriptions sont obligatoires dans les ports des colonies françaises aussi bien que dans ceux de la Métropole;

Vu la circulaire ministérielle du 20 novembre 1846, n° 536, portant envoi de la dite ordonnance au Gouvernement local, avec invitation de pourvoir éventuellement à l'application de ces prescriptions;

Et le moment étant venu de mettre cette disposition à effet ;

Sur le rapport de l'Ordonnateur et du Directeur de l'intérieur,

Après délibération en Conseil privé,

AVONS ARRÊTÉ ET ARRÊTONS ce qui suit:

Art. 1er. Tout bâtiment à vapeur du commerce français appartenant à la Colonie ou séjournant dans ses ports, est tenu d'être muni d'un permis de navigation obtenu conformément aux dispositions de l'ordonnance royale du 17 janvier 1846, relative aux bâtiments à vapeur destinés à la navigation maritime (1).

2. La demande du permis de navigation, lorsqu'il y aura lieu de l'obtenir dans la Colonie, sera adressée, par le propriétaire ou le capitaine du bâtiment, à l'Ordonnateur.

Elle sera dressée dans la forme prescrite par l'article 4 de l'ordonnance du 17 janvier 1846 (2).

(*Ordonnance du 17 janvier 1846.*)

(1) Article 2.—Aucun bateau à vapeur ne pourra naviguer sur mer sans un permis de navigation, et ce, indépendamment de l'exécution des conditions imposées à tous les navires de commerce français, tant par le Code de Commerce que par les lois et règlements sur la navigation.

(2) Article 4.—Dans sa demande, le propriétaire fera connaître:

1° Le nom du bateau ;

2° Ses principales dimensions, son tirant-d'eau à vide et sa charge maximum, exprimée en tonneaux de mille kilogrammes;

3° La force de l'appareil moteur, exprimée en chevaux, le cheval-vapeur étant la force capable d'élever un poids de soixante et quinze kilog. à un mètre de hauteur, dans une seconde de temps;

4° La pression, évaluée en nombre d'atmosphères, sous laquelle cet appareil fonctionnera;

5° La forme de la chaudière ;

6° Le service auquel le bateau sera destiné ;

7° Le nombre maximum des passagers qui pourront

Elle sera renvoyée par l'Ordonnateur à la Commission de surveillance dont la composition et les attributions seront réglées par l'article 6 ci-dessous.

3. Si, après avoir reçu le procès-verbal de la Commission de surveillance, l'Ordonnateur reconnaît que le bâtiment à vapeur satisfait à toutes les conditions exigées, il délivrera le permis de navigation dans les conditions de l'article 10 de l'ordonnance royale du 10 janvier 1846 (3) et du modèle annexé au présent.

4. S'il résulte du procès-verbal dressé par la Commission de surveillance qu'il y a lieu de sur-

---

être reçus dans le bateau. Un dessin géométrique de la chaudière sera joint à la demande.

Cette demande sera renvoyée par le préfet à la Commission de surveillance instituée conformément à l'article 47 de la présente ordonnance.

(3) Art. 10. — Dans le permis de navigation seront énoncés :

1° Le nom du bateau et le nom du propriétaire ;

2° La hauteur de la ligne de flottaison, rapportée à des points de repère invariablement établis à l'avant, à l'arrière et au milieu du bateau ;

3° Le service auquel le bateau est destiné ;

4° Le nombre maximum des passagers qui pourront être reçus à bord ;

5° La tension maximum de la vapeur, exprimée en atmosphères et en fractions décimales d'atmosphères, sous laquelle l'appareil moteur pourra fonctionner ;

6° Les numéros des timbres dont les chaudières, tubes, bouilleurs, cylindres et enveloppes de cylindres auront été frappés, ainsi qu'il est prescrit à l'article 21 ;

7° Le diamètre des soupapes de sûreté et leur charge, telle qu'elle aura été réglée, conformément aux articles 26 et 27 ;

8° Le nombre des embarcations, ainsi que les agrès et instruments nécessaires à la navigation maritime, dont le bateau devra être pourvu.

Le préfet prescrira, en outre, dans le permis, toutes les mesures d'ordre et de police locale nécessaires. Il enverra copie de son arrêté à notre Ministre des travaux publics.

seoir à la délivrance du permis de navigation ou même de le refuser, l'Ordonnateur notifiera sa décision au propriétaire du bâtiment, sauf recours devant le Gouverneur.

5. Seront observées les dispositions des titres II, III et V de l'ordonnance royale du 17 janvier 1846, concernant *les machines à vapeur servant de moteurs*, *la composition des équipages*, *le service des bâtiments, les dispositions générales.* (4)

---

(4) TITRE II.

Des machines à vapeur servant de moteurs aux bateaux.

Section I.

Dispositions relatives à la fabrication et au commerce des machines employées sur les bateaux.

14. Aucune machine à vapeur destinée à un service de navigation ne pourra être livrée par un fabricant, si elle n'a subi les épreuves prescrites ci-après.

15. Les épreuves seront faites à la fabrique, par ordre du préfet, sur la déclaration du fabricant.

16. Les machines venant de l'étranger devront être pourvues des mêmes appareils de sûreté que les machines d'origine française, et subir les mêmes épreuves. Ces épreuves seront faites au lieu désigné par le destinataire dans la déclaration qu'il devra faire à l'importation.

Section II.

Epreuves des chaudières et des autres pièces contenant la vapeur.

17. Les chaudières à vapeur, leurs tubes bouilleurs et les réservoirs à vapeur, les cylindres en fonte des machines à vapeur et les enveloppes en fonte de ces cylindres, ne pourront, sauf l'exception portée à l'article 25, être établis à bord des bateaux sans avoir été préalablement soumis, par les ingénieurs des mines ou, à leur défaut, par les ingénieurs des ponts-et-chaussées, à une épreuve opérée à l'aide d'une pompe de pression.

L'usage des chaudières et des tubes bouilleurs en fonte est prohibé dans les bateaux à vapeur.

18. La pression d'épreuve prescrite par l'article précédent sera triple de la pression effective, ou, autrement, de la plus grande tension que la vapeur pourra avoir dans les chaudières, leurs tubes bouilleurs et autres piè-

Dans la pratique, provisoirement et jusqu'à ce qu'il en ait été ordonné autrement par Son Excellence le Ministre de la Marine et des Colonies, les attributions dévolues par les dites dispositions au Préfet de département, seront exercées dans la Colonie par l'Ordonnateur, et celles dévolues au Ministre des travaux publics par le Gouverneur.

---

ces contenant la vapeur, diminuée de la pression extérieure de l'atmosphère.

19. On procédera aux épreuves en chargeant les soupapes de sûreté des chaudières de poids proportionnels à la pression effective, et déterminés suivant la règle indiquée à l'article 28.

A l'égard des autres pièces, la charge d'épreuve sera appliquée sur la soupape de la pompe de pression.

20. L'épaisseur des parois des chaudières cylindriques, en tôle ou en cuivre laminé, sera réglée conformément à la table nº 1 annexée à la présente ordonnance.

L'épaisseur de celles de ces chaudières, qui, par leurs dimensions et par la pression de la vapeur, ne se trouveraient pas comprises dans la table, sera déterminée d'après la règle énoncée à la suite de la dite table; toutefois cette épaisseur ne pourra dépasser quinze millimètres.

Les épaisseurs de la tôle devront être augmentées s'il s'agit de chaudières formées, en partie et en totalité, de faces planes ou bien de conduits intérieurs, cylindriques ou autres, traversant l'eau ou la vapeur, et servant soit de foyers, soit à la circulation de la flamme. Ces chaudières et conduits devront, de plus, être, suivant les cas, renforcés par des armatures suffisantes.

21. Après qu'il aura été constaté que les parois des chaudières ont les épaisseurs voulues, et après l'épreuve, on appliquera aux chaudières, à leurs tubes bouilleurs et aux réservoirs de vapeur, aux cylindres en fonte des machines à vapeur et aux enveloppes en fonte de ces cylindres, des timbres indiquant, en nombre d'atmosphères, le degré de tension intérieure que la vapeur ne devra pas dépasser. Ces timbres seront placés de manière qu'ils soient toujours apparents.

22. L'épreuve sera renouvelée après l'installation de la machine dans le bateau: 1º si le propriétaire la réclame; 2º s'il y a eu, pendant le transport ou lors de la mise en place, quelques avaries; 3º s'il a été fait à

6. Lorsque des circonstances locales, indépendantes de la volonté des propriétaires, armateurs et capitaines des bâtiments à vapeur, obligeront à des modifications ou à des dérogations aux pres-

---

la chaudière des modifications ou réparations quelconques depuis la première épreuve; 4° si la Commission de surveillance le juge utile.

23. Les chaudières à vapeur, leurs tubes bouilleurs et autres pièces contenant la vapeur, devront être éprouvés de nouveau toutes les fois qu'il sera jugé nécessaire par les commissions de surveillance.

Quand il aura été fait aux chaudières et autres pièces des changements ou réparations notables, les propriétaires des bateaux à vapeur seront tenus d'en donner connaissance au préfet. Il sera nécessairement procédé, dans ce cas, à de nouvelles épreuves.

24. L'appareil et la main-d'œuvre nécessaires pour les épreuves seront fournis par les propriétaires des machines et des chaudières à vapeur.

25. Les chaudières qui auront des faces planes seront dispensées de l'épreuve, mais sous la condition que la force élastique ou la tension de la vapeur ne devra pas s'élever, dans l'intérieur des chaudières, à plus d'une atmosphère et demie.

Section III.

Des appareils de sûreté dont les chaudières à vapeur doivent être munies.

§ 1er. Des soupapes de sûreté.

26. Il sera adapté à la partie supérieure de chaque chaudière deux soupapes de sûreté. Ces soupapes seront placées vers chaque extrémité de la chaudière, et à la plus grande distance possible l'une de l'autre.

Le diamètre des orifices de ces soupapes sera réglé d'après la surface de chauffe de la chaudière et la tension de la vapeur dans son intérieur, conformément à la table n° 2 annexée à la présente ordonnance.

27. Chaque soupape sera chargée d'un poids unique, agissant soit directement, soit par l'intermédiaire d'un levier.

Chaque poids recevra l'empreinte d'un poinçon, apposée par la Commission de surveillance. Les leviers seront également poinçonnés, s'il en est fait usage. La quotité du poids et la longueur du levier seront énoncées dans le permis de navigation.

ra à propos, par les mécaniciens des bâtiments de l'État présents sur les rades de la Colonie, ou par tels hommes de l'art qu'elle désignera.

Elle exercera les attributions réglées par les articles 5 à 8, et 48 à 51 de l'ordonnance royale du 17 janvier 1846. (5)

8. Sur la proposition de la Commission de surveillance, l'Ordonnateur prescrira, s'il y a lieu, la réparation ou le remplacement de toutes les pièces de l'appareil moteur ou des bateaux dont un plus long usage présenterait des dangers.

Il pourra suspendre le permis de navigation jusqu'à l'entière exécution de ces mesures; il révoquera le permis, si la machine ou le bateau sont déclarés hors de service par la Commission.

9. Dans tous les autres cas où, par suite de

Cette instruction devra être affichée à demeure dans l'emplacement où se trouvent ces machines et chaudières.

61. La navigation et la surveillance des bateaux à vapeur de l'État sont régies par des dispositions spéciales.

62. Les ordonnances royales des 2 avril 1823 et 25 mai 1828 concernant les bateaux à vapeur, les machines et les chaudières à vapeur employées sur les bateaux, sont rapportées.

(5) Article 5. — La commission de surveillance visitera le bateau à vapeur, à l'effet de s'assurer :

1° S'il est construit avec solidité, s'il réunit les conditions de stabilité nécessaires pour la navigation maritime, et si l'on a pris toutes les précautions requises pour le cas où il serait destiné à un service de passagers;

2° Si l'appareil moteur a été soumis aux épreuves voulues, et s'il est pourvu des moyens de sûreté prescrits par la présente ordonnance;

3° Si la chaudière, en raison de sa forme, du mode de jonction de ses diverses parties, de la nature des matériaux avec lesquels elle est construite, ne présente aucune cause particulière de danger;

4° Si on a pris toutes les précautions nécessaires pour prévenir les chances d'incendie.

6. Après la visite, la commission assistera à un essai du bateau à vapeur. Elle vérifiera si l'appareil moteur

l'inexécution des dispositions du présent arrêté, la sûreté publique serait compromise, l'Ordonnateur suspendra, et, au besoin, révoquera le permis de navigation.

10. Les fonctionnaires du Commissariat de la Marine chargés de l'inscription maritime, ou chefs du service maritime, les officiers et maîtres de port, les surveillants de rade, les officiers commandant les bâtiments de l'Etat, faisant partie de la marine locale, et, à leur défaut, et comme les suppléants sur divers points du littoral, les Maires, la Gendarmerie, la Douane, la Police exerceront une surveillance journalière sur les

---

a une force suffisante pour le service auquel ce bateau sera destiné, et elle constatera :

1° Le tirant-d'eau du bateau ;

2° La vitesse du bateau dans les différentes circonstances de l'essai ;

3° Les divers degrés de tension de la vapeur dans l'appareil moteur, pendant la marche du bateau.

7. La commission dressera un procès-verbal de la visite et de l'essai du bateau à vapeur, et adressera ce procès-verbal au préfet de département.

48. Les commissions de surveillance, indépendamment des fonctions qui leur sont attribuées par les articles 5, 6, 7 ci-dessus, visiteront les bateaux à vapeur au moins tous les trois mois, et chaque fois que le préfet le jugera convenable.

Les membres de ces commissions pourront, en outre, faire individuellement des visites plus fréquentes.

49. La commission de surveillance s'assurera, dans ses visites, que les mesures prescrites par la présente ordonnance et par le permis de navigation sont exécutées.

Elle constatera l'état de l'appareil moteur et celui du bateau; elle se fera représenter le journal de bord et le registre destiné à recevoir les observations des passagers.

50. La commission adressera au préfet le procès-verbal de chacune de ses visites. Dans ce procès-verbal elle consignera ses propositions sur les mesures à prendre si l'appareil moteur ou le bateau ne présente plus des garanties suffisantes de sûreté.

criptions de l'article précédent, il y sera pourvu par le Gouverneur en Conseil privé, après avis de la Commission de surveillance.

7. La Commission de surveillance de la navi-

---

28. La charge maximum de chaque soupape de sûreté sera déterminée en multipliant un kilogramme trente-trois milligrammes par le nombre d'atmosphères mesurant la pression effective, et par le nombre de centimètres carrés mesurant l'orifice de la soupape.

La largeur de la surface annulaire de recouvrement ne devra pas dépasser la trentième partie du diamètre de la surface circulaire exposée directement à la pression de la vapeur, et cette largeur, dans aucun cas, ne devra excéder deux millimètres.

29. Il sera, de plus, adapté à la partie supérieure des chaudières à faces planes, dont il est fait mention à l'article 25, une soupape atmosphérique, c'est-à-dire ouvrant du dehors au dedans.

§ 2. *Des manomètres.*

30. Chaque chaudière sera munie d'un manomètre, à mercure, gradué en atmosphères et en fractions décimales d'atmosphères, de manière à faire connaître immédiatement la tension de la vapeur dans la chaudière.

Le tuyau qui amènera la vapeur au manomètre sera adapté directement sur la chaudière et non sur le tuyau de prise de vapeur, ou sur tout autre tuyau dans lequel la vapeur serait en mouvement.

Le manomètre sera placé en vue du chauffeur.

31. On fera usage du manomètre à air libre, c'est-à-dire ouvert à sa partie supérieure, toutes les fois que la pression effective de la vapeur ne dépassera pas deux atmosphères.

32. On tracera sur l'échelle de chaque manomètre, d'une manière très apparente, une ligne qui répondra au numéro de cette échelle que le mercure ne devra pas habituellement dépasser.

§ 3. *De l'alimentation et des indications du niveau de l'eau dans les chaudières.*

33. Chaque chaudière sera munie d'une pompe alimentaire, bien construite et en bon état d'entretien.

Indépendamment de cette pompe, mise en mouvement par la machine motrice du bateau, chaque chaudière sera pourvue d'une autre pompe pouvant fonctionner, soit à l'aide d'une machine particulière, soit à bras d'hom-

gation à vapeur à la Réunion, est composée de l'Ingénieur en chef des Ponts-et-Chaussées, du Commissaire de l'inscription maritime et du Capitaine de Port.

---

me, et destinée à alimenter la chaudière, s'il en est besoin, lorsque la machine motrice du bateau ne fonctionnera pas.

34. Le niveau que l'eau doit avoir habituellement dans la chaudière sera indiqué, à l'extérieur, par une ligne tracée d'une manière très apparente sur le corps de la chaudière ou sur le parement du fourneau.

Cette ligne sera d'un décimètre au moins au-dessus de la partie la plus élevée des carneaux, tubes ou conduits de la flamme et de la fumée dans le fourneau.

35 Il sera adapté à chaque chaudière : 1° deux tubes indicateurs en verre, qui seront placés un à chaque côté de la face antérieure de la chaudière; 2° l'un des deux appareils suivants, savoir: un flotteur d'une mobilité suffisante; des robinets indicateurs convenablement placés à des niveaux différents. Les appareils indicateurs seront, dans tous les cas, disposés de manière à être en vue du chauffeur.

Section IV.

Des chaudières multiples.

36. Si plusieurs chaudières sont établies dans un bateau, elles ne pourront être mises en communication que par les parties toujours occupées par la vapeur, et cette communication sera disposée de manière que les chaudières puissent, au besoin, être rendues indépendantes les unes des autres.

Dans tous les cas, chaque chaudière sera alimentée séparément, et devra être munie de tous les appareils de sûreté prescrits par la présente ordonnance.

Section V.

De l'emplacement des appareils moteurs.

37. L'emplacement des appareils moteurs devra être assez grand pour qu'on puisse facilement faire le service des chaudières et visiter toutes les parties des appareils.

Cet emplacement sera séparé des salles des passagers par des cloisons en planches, très solidement construites et entièrement revêtues d'une doublure en feuilles de tôle à recouvrement, d'un millimètre d'épaisseur au moins.

Lorsqu'un bâtiment à vapeur de l'Etat se trouvera sur la rade de Saint-Denis, l'officier commandant sera appelé à faire partie de la Commission de surveillance.

TITRE III.

Des équipages et du service des bateaux à vapeur.

38. Indépendamment du capitaine, maître ou timonier, et des matelots formant l'équipage, il y aura à bord de chaque bateau au moins un mécanicien, et autant de chauffeurs que le service de l'appareil moteur l'exigera.

39. Le capitaine, indépendamment du brevet, soit de capitaine au long cours, soit de maître au cabotage, dont il devra être pourvu en raison de la destination du bâtiment, devra, conformément au mode qui sera déterminé par notre Ministre des travaux publics, justifier qu'il possède les connaissances nécessaires pour diriger la marche d'un bâtiment à vapeur et surveiller les opérations du mécanicien.

40. Nul ne pourra être employé en qualité de mécanicien, s'il ne produit des certificats de capacité délivrés dans les formes qui seront déterminées par notre Ministre des travaux publics.

41. Le mécanicien, sous l'autorité du capitaine, présidera à la mise en feu avant le départ ; il entretiendra toutes les parties de l'appareil moteur; il s'assurera qu'elles fonctionnent bien, et que les chauffeurs sont en état de bien faire leur service. Pendant le voyage, il dirigera les chauffeurs, et s'occupera constamment de la conduite de la machine.

42. Le capitaine inscrira sur le journal de bord toutes les circonstances relatives à la marche de l'appareil moteur qui seront dignes de remarque.

43. Il est défendu aux propriétaires de bateaux à vapeur et à leurs agents de faire fonctionner les appareils moteurs sous une pression supérieure à la pression déterminée dans le permis de navigation, et de rien faire qui puisse détruire ou diminuer l'efficacité des moyens de sûreté dont ces appareils seront pourvus.

44. Il est interdit de laisser aucun passager s'introduire dans l'emplacement de l'appareil moteur.

45. Il sera ouvert dans chaque bateau un registre dont toutes les pages seront cotées et paraphées par le Maire de la commune où est situé le port d'armement,

La présidence appartient à celui de ces fonctionnaires et officiers le plus élevé en grade ou le plus ancien à position égale.

Elle pourra se faire assister, lorsqu'elle le juge

---

et sur lequel les passagers auront la faculté de consigner leurs observations, en ce qui pourrait concerner le départ, la marche du bateau, les avaries ou accidents quelconques, et la conduite de l'équipage; ces observations devront être signées par les passagers qui les auront faites. Le capitaine pourra également consigner sur ce registre les observations qu'il jugerait convenables, ainsi que tous les faits qu'il lui paraîtrait important de faire attester par les passagers.

56. Dans chaque salle où se tiennent les passagers, il sera affiché une copie du permis de navigation et un tableau indiquant :

1° La durée moyenne des voyages;

2° La durée des relâches;

3° Le nombre maximum des passagers;

4° La faculté qu'ils ont de consigner leurs observations sur le registre ouvert à cet effet;

5° Le tarif des places.

TITRE V.

Dispositions générales.

58. Si, à raison du mode particulier de construction de certaines machines ou chaudières à vapeur, l'application à ces machines ou chaudières d'une partie des mesures de sûreté prescrites par la présente ordonnance devenait inutile, le préfet, sur le rapport de la Commission de surveillance, déterminera les conditions sous lesquelles ces appareils seront autorisés. Dans ce cas, les permis de navigation ne seront délivrés par le préfet que lorsqu'ils auront reçu l'approbation du Ministre des travaux publics.

59. Les propriétaires des bateaux à vapeur seront tenus d'adapter aux machines et chaudières employées dans ces bateaux les appareils de sûreté qui pourraient être découverts dans la suite, et qui seraient prescrits par des règlements d'administration publique.

60. Il sera publié par notre Ministre secrétaire d'État au département des travaux publics, une instruction sur les mesures de précaution habituelles à observer dans l'emploi des machines et des chaudières à vapeur établies sur des bateaux.

bâtiments à vapeur du commerce français, tant aux points de départ et d'arrivée qu'aux lieux de relâche intermédiaires.

11. Les dispositions nécessaires pour éviter les accidents auxquels le stationnement, le départ et l'arrivée des bateaux à vapeur pourraient donner lieu; les mesures d'ordre et de police concernant l'embarquement et le débarquement des passagers, seront réglées par l'Autorité municipale, de concert avec le capitaine, le lieutenant, le maître de port ou le surveillant de rade, suivant les localités.

12. Si, avant le départ ou après l'arrivée, il était survenu des avaries de nature à compromettre la sûreté de la navigation, l'Autorité chargée de la police locale pourra suspendre la marche du bâtiment; elle devra sur-le-champ en informer l'Ordonnateur ou le chef du service maritime le plus à proximité.

En cas d'accident, elle se transportera immédiatement sur les lieux, et le procès-verbal qu'elle dressera de sa visite sera transmis à l'Ordonnateur et, s'il y a lieu, au Procureur impérial

La Commission de surveillance se rendra aussi sur les lieux, sans délai, pour visiter les appareils moteurs, en constater l'état et rechercher la cause de l'accident; elle adressera sur le tout un rapport à l'Ordonnateur.

13. Les dispositions du présent arrêté seront obligatoires comme règles de service des ports et rades, pour les capitaines des bâtiments à vapeur.

Toute embarcation à vapeur du commerce français qui se trouvera sur une des rades de la Colonie non munie de permis de navigation, ou dont le permis de navigation aura été suspendu ou révoqué, pourra être retenue jusqu'à régularisation de sa position.

14. L'Ordonnateur, le Directeur de l'Intérieur

et le Procureur général sont chargés, chacun en ce qui le concerne, de l'exécution du présent arrêté, qui sera enregistré partout où besoin sera et inséré dans le *Journal officiel* et dans le *Bulletin officiel* de la Colonie.

Fait à Saint-Denis, le 18 octobre 1862.

Baron DARRICAU.

Par le Gouverneur :

L'Ordonnateur, DESMAZES.

Le Directeur de l'Intérieur, CH. DE LAGRANGE.

Vu pour l'enregistrement à la Cour Impériale:

Le Procureur Général, JUSTIN BERET.

Enregistré à la Cour Impériale le 23 octobre 1862.

N° 1261. — ARRÊTÉ *qui accorde un brevet d'imprimeur à M. Cazalou.*

Du 18 Octobre 1862.

Nous Gouverneur de l'île de la Réunion,

Vu l'article 42 de l'ordonnance du 21 août 1825;

Vu le décret du 30 avril 1852 sur le régime de la presse aux colonies;

Vu la circulaire ministérielle du 22 novembre 1858;

Vu l'arrêté local du 27 avril 1859 portant règlement sur la presse périodique;

Vu l'arrêté du 7 novembre 1861 qui accorde un brevet d'imprimeur au sieur Arnalï;

Vu la demande de M. Cazalou, tendant à obtenir un brevet d'imprimeur et à être substitué à M. Arnalï dans les effets de l'autorisation accordée à ce dernier de publier le journal *Le Nouveau Colon* et d'être en outre autorisé à changer ce titre et à le remplacer par celui de *La Réunion;*

Sur le rapport du Directeur de l'intérieur,

Le Conseil privé entendu,

Avons arrêté et arrêtons :

Art. 1er. Il est accordé un brevet d'imprimeur à M. Henry Cazalou, qui est substitué à M. Arnalï dans les effets de l'autorisation accordée à ce dernier de publier à Saint-Denis le journal *Le Nouveau Colon* dont le titre sera désormais *La Réunion.*

2. Avant d'entrer en fonctions, M. Cazalou prêtera devant le Tribunal de 1re instance de Saint-Denis le serment prescrit par l'article 9 du décret du 5 février 1810.

3. Le Directeur de l'intérieur est chargé de

l'exécution du présent arrêté qui sera publié et inséré au *Bulletin officiel* de la Colonie.

Saint-Denis, le 18 octobre 1862.

Baron DARRICAU.

Par le Gouverneur :

Le Directeur de l'Intérieur,

CH. DE LAGRANGE.

N° 1262. — *ARRÊTÉ qui place le personnel spécial forestier sous la direction du Chef du service de la Police.*

Du 18 Octobre 1862.

NOUS GOUVERNEUR DE L'ILE DE LA RÉUNION,

Vu l'article 9 du sénatus-consulte du 3 mai 1854;

Vu l'arrêté local du 13 mars 1862 ;

Considérant qu'un projet de réorganisation du service des Eaux et Forêts sur de nouvelles bases est en ce moment soumis à l'examen d'une Commission spéciale ;

Que, en attendant le résultat du travail de cette Commission et la consécration par la sanction du Pouvoir métropolitain des propositions qui seront faites dans l'intérêt de la constitution définitive de ce service, il importe au plus haut point de prendre toutes les mesures propres à sauvegarder les bois et forêts du pays contre le retour aux anciens abus si préjudiciables à leur conservation;

Qu'il convient en conséquence de diriger vers un but unique, « celui de la conservation», tous les moyens d'action dont l'Administration dispose, en plaçant, provisoirement et sauf l'approbation du Ministre, le personnel spécial forestier sous l'autorité du Chef du service auquel le soin de la surveillance des forêts incombe;

Vu le rapport du Chef du service de l'Enregistrement et des Domaines ;

Sur le rapport du Directeur de l'intérieur,

Le Conseil privé entendu ,

AVONS ARRÊTÉ ET ARRÊTONS ce qui suit:

Art. 1er. Le personnel spécial forestier est placé, comme le sont déjà les agents de surveillance, sous la direction du Chef du service de la Police.

Art. 2. Le Chef de service exercera provisoirement toutes les attributions conférées par l'arrêté du 8 avril 1853, et par celui du 13 mars 1862, à l'Inspecteur, Chef du service des Eaux et Forêts.

Art. 3. Le Directeur de l'intérieur et le Procureur général sont chargés, chacun en ce qui le concerne, de l'exécution du présent arrêté, qui sera publié et inséré au *Bulletin officiel* de la Colonie.

Saint-Denis, le 18 octobre 1862,

Baron DARRICAU.

Par le Gouverneur :

Le Directeur de l'Intérieur,

CH. DE LAGRANGE.

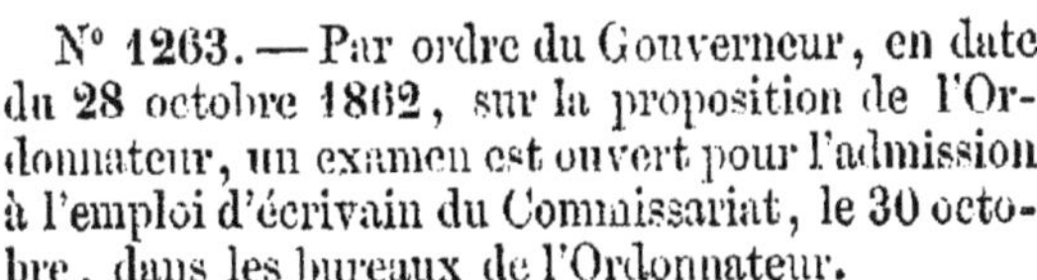

N° 1263. — Par ordre du Gouverneur, en date du 28 octobre 1862, sur la proposition de l'Ordonnateur, un examen est ouvert pour l'admission à l'emploi d'écrivain du Commissariat, le 30 octobre, dans les bureaux de l'Ordonnateur.

N° 1264. — *MERCURIALE des denrées et productions coloniales, d'après laquelle la Douane aura à percevoir les droits de sortie pendant le mois d'octobre* 1862.

NATURE DES DENRÉES ET DES PRODUCTIONS DE L'ILE DE LA RÉUNION.	ESPÈCE des unités.	PRIX.	
Denrées coloniales.		F.	C.
Café	les 100 kil.	160	»
Cacao	id.	100	»
Épices diverses.. { Pimens.... / Ravensara . }	id.	100	»
Girofle (clous de)	id.	60	»
Girofle (griffes de)	id.	15	»
Macis	id.	225	»
Muscades	id.	100	»
Miel de toute sorte	le litre	1	75
Vanille	le kilogram.	22	»
Sucre premier type	les 100 kil.	55	»
Sucre deuxième type	id.	48	»
Sucre troisième type	id.	25	»
Pommes de terre et oignons	id.	15	»
Légumes secs	id.	25	»
Produits industriels.			
Chocolat	id.	250	»
Huile essentielle de girofle	le litre	3	»
Sacs de vacoa	les 100 sacs	20	»

Fait à Saint-Denis, le 29 septembre 1862.

Les Membres de la Commission présents,

Signé : BRIENNE, directeur, CARTIER, GAMIN, BERTHO, HUSSON et LHUILLIER.

Approuvé en séance du Conseil privé, le 29 septembre 1862.

Le Gouverneur,
Baron DARRICAU.

Par le Gouverneur :

Le Directeur de l'Intérieur,
CH. DE LAGRANGE.

N° 1265. — *MERCURIALE des marchandises étrangères, d'après laquelle la Douane aura à percevoir les droits d'entrée pendant le mois d'octobre 1862.*

DÉSIGNATION DES MARCHANDISES.	UNITÉS.	PRIX.	DROITS par navires français.	DROITS par navires étrangers.
		f. c.		
Tortues des Seychelles...	Le kilog.	75	exempt	10 %
Tortues de Madagascar...	La tête	1	Id.	Id.
Gibier, volailles..........	Id.	1 25	Id.	Id.
Dindons et poules d'Inde..	Id.	5	Id.	Id.
Oies....................	Id.	4	Id.	Id.
Canards..................	Id.	2	Id.	Id.
Laine en masse pour matelas	Le kilog.	2	20 %	30 %
Nattes de jonc et d'écorce......	La pièce	3	6 %	10 %
Nattes pour parquets en rotin....	Le m. carré	6	Id.	Id.
Nattes pour parquets en bambou...	Id.	4	Id.	Id.
Nattes Persiennes en rotin.....	Id.	6	6 %	Id.
Nattes Persiennes en bambou...	Id.	4	Id.	Id.
Nattes fines...................	La pièce	2	Id.	Id.
Nattes communes.............	Id.	1	Id.	Id.
Vannerie. — Paniers en rotin à linge................	Id.	12	Id.	Id.
Chaudières de fonte et de potin..................			15 %	25 %
Moulins à égrener.........			Id.	Id.
Pompes en bois non garnies.			Id.	Id.
Voitures à quatre roues riches.....	Id.	3500	20 %	30 %
Voitures à quatre roues ordinaires.	Id.	2500	Id.	Id.
Cabriolets riches.........	Id.	1500	Id.	Id.
Cabriolets ordinaires.....	Id.	1000	Id.	Id.
Objets de collection.......	Id.		1 %	2 %
Cabarets en bois laqué, avec dessins en or, du Japon.	Id.		12 %	prohib.
Balais en crins de coco, manche bambou........	La douzaine	18	Id.	Id.
Bateaux chinois, en racine de bambou, avec sculptures représentant personnages................	La pièce	30	Id.	Id.
Bateaux en ivoire, représentant les bateaux de plaisance des Chinois........	Id.	100	Id.	Id.
Bandèges en bambou peint.	Le jeu de 3	9	Id.	Id.
Boîtes à whist et jetons en ivoire sculpté.... 1re qualité	La boîte	50	Id.	Id.
Boîtes à whist et jetons en ivoire sculpté.... 2e idem.	Id.	20	Id.	Id.
Boîtes en bois rouge, laquinées, avec sculptures (petites ou moyennes)...	Id.	15	Id.	
Boîtes de coquillages.....	Id.	5	Id.	
Boîtes à insectes, cadres en				Id.
verre, contenant toutes				Id

DÉSIGNATION DES MARCHANDISES.	UNITÉS.	PRIX.	DROITS par navires français.	DROITS par navires étrangers.
		f. c.		
sortes d'insectes.........	La boîte		12 %	prohib.
Boîtes recouvertes d'un tissu de soie, contenant peintures, pinceaux, etc.......	Id.	15	Id.	Id.
Boîtes jeux d'enfants, en carton ou bois peint, contenant petits instruments en cuivre, etc...........	Id.	12 80	Id.	Id.
Boîtes à mouchoirs, en bois laqué, dessins de personnages et de fleurs en or...	Id.	15	Id.	Id.
Boîtes à thé en bois laqué, dessins, etc. — ordinaires.		10		
Boîtes à thé en bois laqué, dessins, etc. — à 2 compartiments, riches...	Id.	35	Id.	Id.
Boîtes à thé en bois laqué, dessins, etc. — à 4 compartiments.	Id.	50	Id.	Id.
Boîtes à ouvrage, en bois laqué, dessins en or sur or, garnis en ivoire ou en os.	Id.	60	Id.	Id.
Boîtes communes à ouvrage.	Id.	20	Id.	Id.
Boîtes à cigares, en bois laqué, dessins en or sur or, l'intérieur garni d'une boîte en plomb............	Id.	6	Id.	Id.
Boîtes à jeu, en bois laqué, dessins en or sur or......	Id.	45	Id.	Id.
Boîtes à tabac à fumer, en cuivre, avec incrustations de nacre du Japon.......	Id.	20	Id.	Id.
Boîtes à priser, en cuivre, avec incrustations de nacre du Japon...............	Id.	20	Id.	Id.
Boîtes à francs-maçons, cadres en bois avec incrustations de nacre du Japon..	Id.	60	Id.	Id.
Albums — de 12 feuilles....		18	Id.	Id.
Albums — de 24 feuilles....		30	Id.	Id.
Boîtes contenant 10 tasses en bois, bois laqué, servant de tasses à thé, avec incrustations de nacre du Japon..................	Id.	30	Id.	Id.
Bonnets de mandarins, toques en velours, garnis en soie, boutons de diverses couleurs...............	La pièce	5	Id.	Id.
Cabarets en laque rouge...	Id.	10	Id.	Id.
Cabinets pour enfants, petites armoires à tiroirs, en				

DÉSIGNATION DES MARCHANDISES.		UNITÉS.	PRIX.	DROITS par navires français.	DROITS par navires étrangers.
			f. c.		
bois laqué, avec dessins en or..		La pièce	40	12 %	prohib.
Cages à oiseaux en rotin très fin imitant le fil de fer....		Le jeu de 4	10	Id.	Id.
Chapelets noirs faits en noix de coco du Japon........		La pièce	10	Id.	Id.
Cahiers en ivoire, peints, représentant figures et costumes chinois............					Id. Id.
Casse-têtes, en bois de sandal, en os ou en ivoire...		Id.	5	Id.	
Cassettes incrustées de pierres de Nankin, représentant des personnages, etc.....		Id.	125	Id.	Id.
Colliers en bois de sandal..		Le kilog.	20	Id.	Id.
Corbeilles à pain, en bois laqué, avec dessins en or..............	laque noire.	Le jeu de 3	12	Id.	Id.
	laque rouge.	Id.	25	Id.	Id.
Couverts chinois, composés du couteau, des 2 bâtons et de cure-dents en os ou en ivoire................		La pièce	2 50	Id.	Id.
Couteaux à beurre, en ivoire ou en nacre, manche sculpté.................		Id.	7 50	Id.	Id.
Cuillers à thé, en bois laqué, avec incrustations en nacre du Japon..........		Id.	1	Id.	Id.
Cuillers à moutarde, en nacre ou en ivoire.........		Id.	2	Id.	Id.
Echiquiers en bois laqué, dessins en or sur or......		Id.	12 50	Id.	Id.
Ecrans en plumes coloriées et à manche d'ivoire......		Id.	6	Id.	Id.
Ecrans en tissus de soie, manche en ivoire sculpté.		Id.	10	Id.	Id.
Encre chinoise............		Les 6 bât.	5	Id.	Id.
Encriers en bois laqué, avec dessins en or..........		La pièce	10	Id.	Id.
Enseignes en bois laqué, avec dessins en or......		Id.	200	Id.	Id.
Etuis en ivoire sculpté, représentant personnages.	petits..	Id.	1	Id.	Id.
	grands.	Id.	3	Id.	Id.
Eventails de toutes sortes, avec dessins en or sur or.	en os.....	Id.	5	Id.	Id.
	en plumes.	Id.	8	Id.	Id.
	en laque..	Id.	12	Id.	Id.
	en sandal.	Id.	15	Id.	Id.
	en ivoire..	Id.	20	Id.	Id.

DÉSIGNATION DES MARCHANDISES.	UNITÉS.	PRIX.	DROITS par navires français.	DROITS par navires étrangers.
Feuilles de bétel peintes et représentant fleurs, oiseaux, personnages, etc.	La boîte	f. c. 6	12 %	prohib.
Feuilles de papier de riz peintes, représentant fleurs, oiseaux, personnages, etc.	Le c. de 12 f.	25	Id.	Id.
Fiches en ivoire et en nacre.	Le jeu	50	Id.	Id.
Fleurs en ivoire..........	La d. de pots	75	Id.	Id.
Jeux d'échecs en ivoire ou en os, simples, non montés sur boules..........	Le jeu	15	Id.	Id.
Jeux d'échecs en ivoire, montés sur boules en ivoire les unes dans les autres.	Id.	80	Id.	Id.
Jeux d'échecs en ivoire (1re grandeur), dits montres.	Id.	400	Id.	Id.
Jeux de fiches en nacre, avec dessins imprimés ou sculptés..................	Id.	25	Id.	Id.
Jeux de bagues en os ou en ivoire.................	Id.	3	Id.	Id.
Jeux diablotins en os ou en ivoire................	Id.	8	Id.	Id.
Joss-tick, allumettes composées de sciure de bois et colle de fiente de vache ..	Le kilog.	2 50	Id.	Id.
Joss-tick à odeur sandal, allumettes composées de sciure de bois de sandal et colle de fiente de vache..	Id.	5	Id.	Id.
Instruments de musique (espèce de guitare).........	La pièce	4	Id.	Id.
Espèce de fauteuils à tiroirs en bambou............	Id.	30	Id.	Id.
Lanternes chinoises en tissu de soie extrêmement léger, peintures diverses........ carrées.	Id.	20	Id.	Id.
Lanternes chinoises en tissu de soie extrêmement léger, peintures diverses........ rondes.	Id.	5	Id.	Id.
Malles en carton, composition carton peint et verni imitant le cuir..........	Le jeu de 5	40	Id.	Id.
Malles de camphre, en bois de camphre, recouvertes en cuir, pour la conservation des habits et du linge.................	Id.	200	Id.	Id.
Malles de camphre, en bois de camphre, avec coins en cuivre, sans cuir.........	Id.	150	Id.	Id.

DÉSIGNATION DES MARCHANDISES.	UNITÉS.	PRIX.	DROITS par navires français.	DROITS par navires étrangers.
		f. c.		
Mousse du Japon..........	Le kilog.	15 .	12 %	prohib.
Paniers en écaille travaillée à jour................	La pièce	70	Id.	Id.
Paniers à linge, en petit rotin fendu en plusieurs parties...................	Le jeu de 3	30	Id.	Id.
Parapluies chinois en papier peint et huilé, manches bambou...............	La pièce	3	Id.	Id.
Paravents, bordure en laque, fond en papier... .	Id.	60	Id.	Id.
Petits bateaux faits en noix de coco, et représentant les bateaux des Tancadaires..................	Id	5	Id.	Id.
Peignes en écaille (grands et petits)...............	Id.	5	Id.	Id.
Petits magots en pierre tendre et propres à détacher la soie..................	Id.	2	Id.	Id.
Petits animaux en plâtre peint..................	Les mille	50	Id.	Id.
Petits garde-manger, l'extérieur garni de paille du Japon..................	La pièce	25	Id.	Id.
Persiennes en rotin très fin, dessins de toutes sortes..		4	Id.	Id.
Peintures sur papier de riz.	La feuille	2 50	Id.	Id.
Petits plateaux pour bouteilles, en bois laqué, dessins en or.............	La pièce	2	Id.	Id.
Pipes chinoises, tuyaux en bambou et rotin, pipes composition étain, cuivre, etc.....................	Id.	2	Id.	Id.
Plateaux pour plats, en rotin tissé très fin........	Le jeu de 4 ou 5	3	Id.	Id.
Plateaux pour plats, en bois laqué avec dessins en or sur or.................	Id.	60	Id.	Id.
Porte-cartes de visites en écaille imprimée et incrustée, intérieur garni en soie....................	La pièce	10	Id.	Id.
Porte-cartes de visites en ivoire sculpté...........	Id.	10	Id.	Id.
Porte-cartes de visites en nacre plaquée et incrustée.	Id	5	Id.	Id.
Porte-cartes en laque, avec dessins en or sur [illegible]	Id.	[illegible]	Id.	Id

DÉSIGNATION DES MARCHANDISES.	UNITÉS.	PRIX.	DROITS par navires français.	DROITS par navires étrangers.
Porte-montres en bois laqué et dessins or sur or........	Le jeu de 4 ou 5	8	12 %	prohib.
Porte-joss-tick, sorte de bateaux en bois laqué contenant allumettes, intérieur garni de plomb........	Id.	3	Id.	Id.
Porte-éventails en carton, extérieur garni en soie brodée................	Id.	2	Id.	Id.
Porte-tabac en carton, extérieur garni en soie brodée..................	Id.	5	Id.	Id.
Porte-cigares communs.	La pièce	3	Id.	Id.
Porte-cigares fins.......	Id.	10	Id.	Id.
Poupées représentant des petits Japonais..........	Id.	5	Id.	Id.
Pupitres en bois laqué, dessins en or sur or.. pour dames..	Id.	30	Id.	Id.
Pupitres en bois laqué, dessins en or sur or.. pour hommes.	Id.	50	Id.	Id.
Pupitres en bois de racine, garniture extérieure en cuivre................	Id.	60	Id.	Id.
Sacoches en ivoire, porte-flacons d'odeurs sculptés à jour...............	Id.	20	Id.	Id.
Semainiers en ivoire, travaillés à jour et sculptés..	Id.	100	Id.	Id.
Semainiers en bois de sandal, avec incrustations riches................	Id.	75	Id.	Id.
Semainiers en bois laqué avec incrustations riches.	Id.	12 50	Id.	Id.
Souliers chinois imitant les pieds des femmes chinoises, faits en plâtre et recouverts de soie.........	La paire	5	Id.	Id.
Tables en bambou.........	Le jeu de 6	10	Id.	Id.
Tabatières en écaille, avec incrustations représentant personnages............	La pièce	30	Id.	Id.
Tables-guéridons en bois laqué, dessins or sur or. Les tables entrent les unes dans les autres.........	Le jeu de 4	50	Id.	Id.
Tables à échiquier, avec dessins or très riches, garnies de nacre, pour les jetons..	La pièce	225	Id.	Id.
Tables à thé, en bois laqué, dessins en or sur or......	Id.	60	Id.	Id.

DÉSIGNATION DES MARCHANDISES.	UNITÉS.	PRIX.	DROITS par navires français.	DROITS par navires étrangers.
		f. c.		
Tables à ouvrage, en bois laqué, dessins or sur or — 1re qualité	La pièce	175	12 %.	Prohib.
Tables à ouvrage, en bois laqué, dessins or sur or — 2e idem	Id.	100	Id.	Id.
Tableaux, intérieurs chinois, peintures sur toile représentant personnages, etc.	Id.	20	Id.	Id.
Tableaux, vues de Canton, Macao, Boca, Tigris, etc., peintures sur toile	Id.	20	Id.	Id.
Tableaux, paysages chinois.	Id.	20	Id.	Id.
Tableaux sur verre, encadrement en bois sculpté	Id.	10	Id.	Id.
Tableaux en paille de couleur, cadres en bois laqué du Japon	Id.	125	Id.	Id.
Vide-poches en écaille ou ivoire, sculptés à jour	La paire	30	Id.	Id.
Toiles et percales blanches et écrues — Conjons — Nos 14	La pièce de 31 à 33 mètres et au-dessous.	22	20 %.	Id.
Toiles et percales blanches et écrues — Conjons — 16		22	Id.	Id.
Toiles et percales blanches et écrues — Conjons — 18 et 19		22	Id.	Id.
Toiles et percales blanches et écrues — Conjons — 23		30	Id.	Id.
Toiles et percales blanches et écrues — Conjons — 26		30	Id.	Id.
Toiles et percales blanches et écrues — Conjons — 30		40	Id.	Id.
Toiles et percales blanches et écrues — Conjons — 36		50	Id.	Id.
Toiles et percales blanches et écrues — Ecruen...	La p. de 15 à 16 m.	7	Id.	Id.
Filature blanche et écrue	Id.	6	Id.	Id.
Salem-poor	Id.	7	Id.	Id.
Percale bleue, dite *sandercana*	La p. de 8m et au-dessous.	4 50	Id.	Id.
Percale bleue ordinaire			Id.	Id.
Toiles à carreaux	La p. de 15 à 16 m.	5	Id.	Id.
Mouchoirs dits *burgos*	La p. de 8 m.	2	Id.	Id.
Pantalons et chemises de toile grossière, servant au vêtement des travailleurs.	La pièce	1 50	Id.	Id.
Toiles à voiles, de coton	Le mètre	0 70	Id.	Id.
Guinées ou toiles bleues — Filature	La p. de 15 à 16 m.	12 50	12 %.	Id.
Guinées ou toiles bleues — Salem	Id.	8	Id.	Id.
Guinées ou toiles bleues — Orcarpoléon	Id.	8	Id.	Id.
Guinées ou toiles bleues — Conjons	Id.	10	11	Id.
Meubles — Fauteuils à dossier renversé, de Pondichéry.	La pièce	20	10 %.	Id.
Meubles — Fauteuils droits	Id.	15	Id.	Id.
Meubles — Chaises	Id.	6	Id.	Id.

DÉSIGNATION DES MARCHANDISES.	UNITÉS.	PRIX.	DROITS par navires français.	DROITS par navires étrangers
		f. c.		
Tabourets.	La pièce	4	10 %.	prohib.
Jouets d'enfants.	Id.		Id.	Id.
Pantoufles de Pondichéry.	La paire	40	12 %.	Id.
Peaux de cabri de Pondichéry.	Les 100	75	6 %.	
Peaux de mouton de Pondichéry.	Id.	45	Id.	

Fait à Saint-Denis, le 29 septembre 1862.

Les Membres de la Commission présents,

Signé : Brienne, directeur, Cartier, Gamin, Bertho, Husson et Lhuillier.

Approuvé en séance du Conseil privé, le 29 septembre 1862.

Le Gouverneur,

Baron DARRICAU.

Par le Gouverneur :

Le Directeur de l'Intérieur,

Ch. de Lagrange.

N° 1266. — NOMINATIONS, PROMOTIONS MUTATIONS ET DÉCORATIONS.

Gouvernement de la Colonie.

— Par arrêté du Gouverneur, en date du 17 octobre 1862, le bureau du Conseil général est constitué ainsi qu'il suit :

MM. Charles Desbassayns, président ;
Des Molières, vice-président ;
De Chateauvieux, } secrétaires.
Louis de Tourris, }

Évêché.

— Par dépêche ministérielle du 19 septembre 1862, avis est donné d'une prolongation de congé accordé M. l'abbé Plassiard.

Administration Militaire.

— Par dépêche ministérielle du 8 septembre 1862, avis est donné que la médaille militaire a été accordée au sieur Penaux, gendarme de la compagnie de la Réunion.

— Par arrêté du Gouverneur, en date du 1er octobre 1862, M. Fiteau, chef de bataillon commandant la milice de Saint-Paul, est placé dans une position d'assimilation à la retraite.

M. Delaux, capitaine adjudant-major, est nommé chef de bataillon commandant la milice de Saint-Paul.

— Par arrêté du Gouverneur, en date du 29 octobre 1862, M. Bridet, lieutenant de vaisseau, est nommé commissaire impérial près le 1er Conseil de guerre pour l'affaire du disciplinaire Huot de Neuvier seulement.

— Par arrêté du Gouverneur, en date du 31 octobre 1862, M. Outré, capitaine-major d'infanterie de marine, est nommé juge au 1er Conseil de guerre pour l'affaire du disciplinaire Huot de Neuvier seulement.

M. Deitte, sous-lieutenant à la compagnie indigène du Génie, est nommé juge au 1er Conseil de guerre pour la même affaire seulement.

Administration de la Marine.

— Par décision ministérielle du 31 juillet 1862, notifiée par dépêche du même jour, les récompenses suivantes ont été accordées :

1° Une médaille de 2e classe en or, au sieur Marcel (Charles), surveillant de rade à Saint-Gilles ;

2° Des médailles de 2e classe en argent aux sieurs Faivre (Jean-Marie dit Vital), pilote côtier; et Faivre (Louis-Roland), pêcheur à Saint-Pierre;

3° Des témoignages officiels de satisfaction aux sieurs Fontaine (Isidore) et Merlot (Hyacinthe), pêcheurs à Saint-Pierre.

— M. Collas, 1er médecin en chef de la Marine, chef du service de santé de la Marine à la Réunion, est autorisé, par dépêche de S. Exc. le Ministre de la Marine et des colonies, en date du 30 août 1862, à accepter des habitants de Pondichéry l'offre qu'ils lui ont faite d'une coupe en argent comme témoignage de reconnaissance.

— Par dépêche ministérielle du 5 septembre 1862, le congé de convalescence accordé à M. Collas, 1er médecin en chef de la Marine, chef du service de santé à la Réunion, est approuvé.

— Par dépêche ministérielle du 11 septembre 1862, M. Grélot (Thomy), commis entretenu de la Marine, est remplacé dans le cadre du Commissariat à la Réunion par M. Alliot Préjardin, employé du même grade du service métropolitain en congé dans cette colonie.

— Par ordre de service de l'Ordonnateur, en date du 4 octobre 1862, M. Coquerel (Charles), chirurgien de la Marine de 1re classe, provenant de la Métropole, est mis à la disposition du Chef du service de santé pour servir à l'hôpital militaire de Saint-Denis.

— Par décision du Gouverneur, du 7 octobre 1862, prise sur le rapport de l'Ordonnateur, M. Fourès (François-Marius), maître de port entretenu, est nommé à l'emploi de maître de port à Saint-Denis, en remplacement de M. Hacquard, décédé.

— Par ordre de service de l'Ordonnateur, en date du 15 octobre 1862, M. Guyomar (Auguste-Marie), écrivain de la Marine provenant de la Métropole, est appelé à servir au magasin du matériel et des vivres.

— Par ordre de service de l'Ordonnateur, en date du 18 octobre 1862. M. Royer (Martial), commis de Marine du détail des Fonds, est appelé à continuer ses services à celui des Revues et Armements.

— Par ordre de service de l'Ordonnateur, en date du 24 octobre 1862, M. Chazaren (Emile), aide-commissaire de la Marine, rentrant de congé, est appelé à continuer ses services comme chef du secrétariat de l'Ordonnateur.

— Par ordre de service de l'Ordonnateur, en date du 24 octobre 1862, approuvé par le Gouverneur, M. Lefol, commis de la Marine, est désigné sur sa demande pour aller continuer ses services à Sainte-Marie de Madagascar.

— Par ordre de service de l'Ordonnateur, en date du 26 octobre 1862, M. Décugis (Michel-Victor-Marius), commis de Marine, débarqué le 26 octobre courant de l'aviso à vapeur le *Curieux,* à bord duquel il remplissait les fonctions d'officier d'administration, est appelé à continuer ses services au détail des Revues et Armements.

— Par décision du Gouverneur, en date du 29 octobre 1862, prise sur la proposition de l'Ordonnateur, il est accordé à M. Le Coulteux de Caumont (Barthélemy), écrivain temporaire du Commissariat de la Marine, un congé de convalescence à passer en France.

— Par ordre de service de l'Ordonnateur, en date du 30 octobre 1862, M. Bories (Adrien-Antoine-Théodore), pharmacien de la Marine de 1re classe, provenant de la Métropole, est mis à la disposition du Chef du service de santé pour servir à l'hôpital militaire de Saint-Denis comme chef du service pharmaceutique.

— Par décision du Gouverneur, en date du 31 octobre 1862, prise sur la proposition de l'Ordonnateur, M. Robert, commissaire-adjoint de la Marine de 1re classe en non activité pour infirmités temporaires, est autorisé à rentrer en France par la voie de Suez.

Administration de l'Intérieur.

— Par arrêté du Gouverneur, en date du 17 octobre 1862, ont été nommés à la Direction de l'intérieur, sauf l'approbation de S. Exc. le Ministre de la Marine et des Colonies :

A l'emploi de Chef de bureau de 2e classe:

M. Pihouée (Adolphe), sous-chef de bureau de 1re classe.

A l'emploi de Sous-Chef de bureau de 1re classe:

MM. Berthault (Joachim), sous-chef de bureau de 2e classe;

Arnoux (Désiré), sous-chef de bureau de 2e classe.

A l'emploi de Sous-Chef de bureau de 2e classe :

M. de Gaillande (Ernest), commis.

A l'emploi de Commis :

M. Roumagoux (Eugène), écrivain.

— Par arrêté du Gouverneur, en date du 20 octobre 1862, M. Milhet Fontarabie fils, docteur-médecin, a été nommé médecin vaccinateur à Saint-Paul, en remplacement de M. le docteur Trollé qui a cessé de résider dans cette commune.

— Par arrêté du Gouverneur, en date du 20 octobre 1862, M. Amable Bernardy de Sigoyer a été nommé membre du Comité d'instruction publique de Saint-Benoit, en remplacement de M. Jules Piveteau qui a cessé de résider dans cette commune.

— Par arrêté du Gouverneur, en date du 21 octobre 1862, sont nommés membres du Conseil général :

M. Etienne Cabanne de Laprade, en remplacement de M. Sauger, décédé;

M. Philogène Hoareau des Ruisseaux, notaire à Saint-Pierre, en remplacement de M. Victor Robin, démissionnaire.

— Par arrêté de M. le Gouverneur, en date du 21 octobre 1862,

MM. Delanux (Pierre-Auguste),
De Laprade (Pierre),
Longuet (Médéric),

sont nommés membres du Conseil municipal de la commune de Saint-Paul, en remplacement de :

MM. H. Bosse, démissionnaire,
J.-B. K/anval et A. Lacaze, non acceptants.

— Par arrêté du Gouverneur, en date du 31 octobre 1862, M. Ricquebourg (Ernest), 1er commis des postes à Saint-Denis, est nommé préposé-surveillant de la fabrication et de la vente des rhums.

— Par arrêté du Gouverneur, en date du 31 octobre 1862, M. Lemarié (Evariste), commis à la Direction de l'intérieur, a été nommé receveur de la poste aux lettres à Saint-Benoit, en remplacement de M. Périer d'Hauterive, appelé à d'autres fonctions.

— Par arrêté du Gouverneur en date du 31 octobre 1862, M. Périer d'Hauterive (Emile), receveur de la poste à Saint-Benoit, est nommé premier commis au bureau de la poste aux lettres de Saint-Denis, en remplacement de M. Ricquebourg appelé à d'autres fonctions.

ERRATUM.

Bulletin officiel de 1862, page 480. — N° 1214.

Lisez : Dépêche ministérielle relative à la rétribution *de 15 centimes par 100 francs*, etc. : au lieu de : Dépêche ministérielle relative à la rétribution *de 15 francs par 100 francs.*

Faire la même rectification dans le corps de la dépêche.

CERTIFIÉ CONFORME :

Le Contrôleur colonial,

DESROBERT.

www.ingramcontent.com/pod-product-compliance
Ingram Content Group UK Ltd.
Pitfield, Milton Keynes, MK11 3LW, UK
UKHW020438180726
13839UKWH00004B/1559